Madagascar est un État insulaire situé dans l'océan Indien et géographiquement rattaché au continent africain, dont il est séparé par le canal du Mozambique. C'est la cinquième plus grande île du monde après l'Australie, le Groenland, la Nouvelle-Guinée et Bornéo. Longue de 1 580 km et large de 580 km, Madagascar couvre une superficie de 587 000 km2. Sa capitale est Antananarivo.

L'île de Madagascar possède l'une des biodiversités les plus riches au monde. Le taux d'endémisme, c'est-à-dire d'animaux ou de plantes qui ne sont visibles que là-bas, y dépasse deux espèces sur trois

Entrons donc dans l'univers captiivant de Madagascar ,celui-ci disposant d'une faune et flore qu'on n'apercevra nulle part ailleurs

Faune

La faune à Madagascar est constituée de 80 % à 90 % d'espèces endémiques

De son nom scientifique Cryptoprocta ferox, le fosa est un animal endémique de Madagascar. Cette espèce vit principalement dans les forêts, représentant parfaitement la faune à Madagascar. On peut le retrouver aux 4 coins de l'île

Les adultes mesurent 70 à 80 cm de long du museau à la base de la queue, et pèsent de 5,5 à 8,6 kg

Ils atteignent la maturité sexuelle à l'âge de deux ans, et la longévité mesurée en captivité est de vingt ans

Le
lémurien est l'espèce endémique la
plus emblématique de Madagascar. Ce sont
de petits primates,
incluant le plus petit du monde qui pèse
seulement 30 grammes.
On dénombre à ce jour plus d'une centaine
d'espèces de lémuriens à
Madagascar. Les plus petits ont à peine la
taille d'une souris (le microcèbe), alors que les
plus grands atteignent environ 40 cm de
hauteur(l'Indri-indri, plus de 50 cm) pour
quelques 5 à 6 kgs.

On distingue 3 principaux types de grenouilles à Madagascar, le dyscophus antongilii, la Mantella aurantiaca et le Dyscophus guineti. Espèces endémiques de la Grande Ile, ces amphibiens vivent dans les forêts primaires.

l'île abrite près de 80 espèces de serpents. Mais rassurez-vous, aucune n'est venimeuse !Le plus célèbre est le Boa de Madagascar, ou « Sanzania Madagascariensis ». Vous pourrez notamment le découvrir dans le parc de Ranomafana (Fianarantsoa), de Lokobe (Nosy be), d'Ankarana (Diégo-Suarez) ou dans la réserve de la Montagne d'Ambre (Diégo-Suarez).

Le crocodile est un animal qui inspire à la fois la crainte et l'idolâtrie à Madagascar. Le pays n'abrite qu'une seule espèce de crocodile. Il s'agit du Crocodylus niloticus ou crocodile du Nil

Si la planète compte un peu plus de 130 espèces de caméléons, près de la moitié vivent sur l'île de Madagascar !Parmi eux, le caméléon panthère – ici en photo - une espèce originaire de la Grande île introduite également sur l'île Maurice et à la Réunion. Reptile arboricole qui habite la forêt tropicale, le caméléon panthère est considéré comme l'une des plus belles espèces de caméléons.Le mâle possède des couleurs plus vives que celles de sa femelle et peut passer en quelques minutes de teintes bleues ou vertes à celles rouges ou jaunes. Cette particularité est permise par des nano-cristaux présents dans sa peau. Selon si le reptile est calme ou nerveux, ces cellules s'organisent en réseaux plus ou moins denses faisant varier la couleur de notre caméléon panthère.

**Madagascar est
mondialement connue pour ses tortues dont 14
espèces différentes sont visibles
sur place. Parmi elles,
la tortue radiée est sans aucun doute la plus
célèbre. Cette tortue terrestre a
la carapace noire, réhaussée de rayons beiges, vit
dans le sud de l'île mais
peut aussi être visible sur l'île de la Réunion, où
des particuliers
inconscients les ont relâchées. A
Madagascar, cette tortue surnommée Sokake .**

Le pyguargue de Madagascar est une espèce peu connue et pourtant elle est l'une des plus menacées de l'île. On le reconnait notamment à sa gorge striée de plumes rousses. Présent dans le nord-ouest de l'île, cet aigle peut mesurer jusqu'à 1,8 mètre d'envergure.Il se nourrit principalement de poissons, raison pour laquelle il vit près des milieux aquatiques et notamment à proximité des mangroves. Ce rapace a besoin de hautes falaises ou de grands arbres du haut desquels il peut surveiller les environs. Autrefois présent sur toute l'île, le pyguargue de Madagascar est devenu extrêmement rare

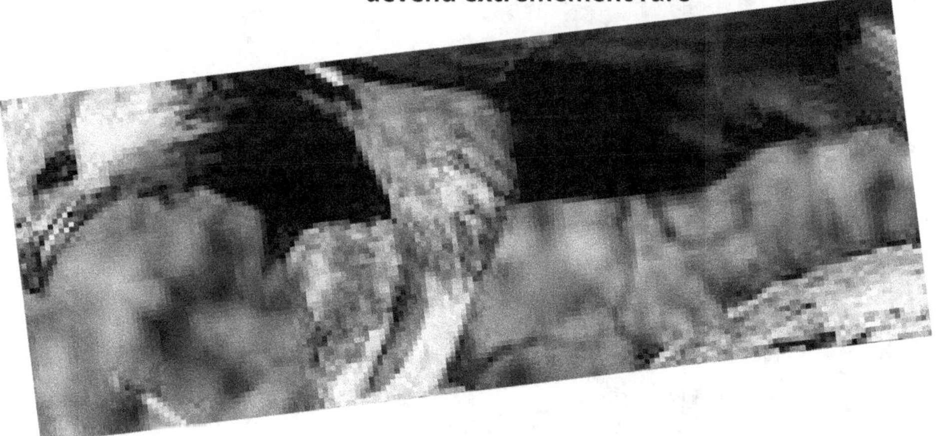

Geckos

Madagascar compte une soixantaine d'espèces de geckos.Ces petits lézards ont la particularité de produire des vocalises et d'avoir sous les pattes des sétules, des poils microscopiques qui leur permettent d'avoir une adhérence parfaite sur tout type de surfaces. Parmi les espèces natives de l'île de l'océan indien, les Phelsumas, connus pour leur couleur vert feuille, sont des lézards actifs de jour ce qui est plutôt rare pour ces reptiles. Le gecko géant de Madagascar est l'une des espèces les plus communes et les plus emblématiques de l'île.

Les Dauphins sont des espèces aquatiques présentent tout au long de l'année dans les eaux de Madagascar et notamment à Nosy Be

Madagascar abrite 12 000 espèces de plantes – parmi lesquelles 70 à 80% sont endémiques – , ce qui en fait une des régions à la flore la plus diverse au monde.

Originaire de Madagascar, le ravinala est l'un des emblèmes de l'île.On le retrouve sur le sceau du pays et comme logo de la compagnie aérienne nationale Air Madagascar. Bien qu'il soit couramment appelé « arbre voyageur » ce n'est pas un arbre, ni même un palmier, contrairement à son apparence. Il doit son surnom au fait que la base de ses feuilles, gorgée par l'eau de pluie, permet aux voyageurs assoiffés de se désaltérergrâce à un simple coup de machette. Curieux à plus d'un titre, le ravinala – qui peut mesurer jusqu'à 20 mètres de haut

Une des plantes les plus célèbres est le baobab, qui ressemble à un arbre poussant vers le bas. On trouve le baobab jusque dans les zones les plus sèches de Madagascar. Ils se sont adaptés à leur environnement en stockant de grandes quantités d'eau dans leur tronc. Les Malgaches profitent de ce réservoir d'eau lorsqu'ils ont soif.

Madagascar est le territoire regroupant le plus d'espèces d'orchidées au monde : plus d'un millier !Très présente sur la côte Est, la plus célèbre des orchidées de l'île est sans doute le vanillier, cultivée pour sa gousse dont est tirée l'épice. C'est d'ailleurs ici que part 80 % de la production mondiale de vanille. Si en France nous connaissons surtout les orchidées pour leurs multiples couleurs, il existe de très nombreuses variétés non-fleuries. L'île regorge aussi de variétés plus rares comme l'orchidée noire, ici en photo, qui ne se trouve qu'à Madagascaret vit en symbiose avec le palmier Raphia sur lequel elle pousse. Car la plupart des orchidées sont des plantes épiphytes : elles vivent fixées sur d'autres végétaux dont elles se servent comme d'un tuteur.

MADAGASCAR
CARTE TOURISTIQUE
EUROPE
ASIE
AFRIQUE
CANAL DE MOZAMBIQUE
OCEAN INDIEN

Madagascar représente un endroit propice au dépaysement total et à la découverte d'autres cieux

À ce jour, on y compte plus de 50 parcs nationaux et aires protégées de renommée mondiale, dont plus dizaines figurent dans la liste indicative des patrimoines de l'humanité et celle de l'UNESCO.

Tous ces atouts de Madagascar font d'elle une destination unique au monde. N'hésitez pas à y faire une visite. Vous ne manquerez pas de tomber sous ses charmes.